둥지는 없다

실천문학 시인선 031

둥지는 없다

강민숙 시집

실천문학사

제1부

제2부

제3부

제4부

제1부

둥지는 없다
—보들레르

나는 무엇을 말할 수 있는가. 누군가는 나를 금치산자, 인격 파탄자로 내몰아도 저기 밤하늘의 별들은 내게 찾아와 빛으로 피어나고 있다. 내 안의 세계를 보여 줄 수 없는 나는 기호의 창문 열고 불안과 우울의 털실로 옷을 짜고 있다. 별빛과 달빛 뽑아내어 한 올 한 올 옷을 깁고 있다. 한 땀 한 땀 옷을 만들어 건네 보지만 사람들은 입지 않는다. 보이는 현상이 실제라는 관념의 다리를 끊어 버리고 훌쩍 건너오라고 해도 그들은 물끄러미 나를 바라만 본다. 흔들리는 그들의 눈빛 속에서 우울을 읽는다. 상징은 꽃이 아니라 기호의 둥지가 아니던가. 둥지는 없다. 날아갈 곳이 없는 새 한 마리 상징이 날개인 줄도 모르고 날개 접고 어둠을 응시하고 있다.

배심원에게
—엠마 골드만*

오늘 내가 법 앞에 선 것은
오늘의 법이 아니라
내일의 법 앞에 선 것이니
내일의 법으로 심판해 주시오

배심원 여러분
우리는 많은 사고의 틀을 깨 왔습니다
옛날 우리 싸움은
창은 활로 활은 대포로,
대포는 다시 미사일로
옷을 바꿔 입으며 여기까지 왔습니다
그러니 나를 불안의 눈빛으로만 보지 마십시오

배심원 여러분
지금처럼 나라가

---

* Emma Goldman(1869~1940), 아나키스트 정치 활동가이자 작가.

개인의 자유와 행복을 짓밟는다면
노동자들은 땅굴 파는 두더지가 되란 말입니까

이제 정부도 생각을 뒤집어
노동자와 여성을 인권의 눈으로 보아야 합니다
더 이상 노동자는 자본가의 먹잇감이 아니며
여성은 자궁 열어 놓고
아이를 펑펑 찍는 공장이 아닙니다

우리가 생각의 틀을 바꾸려고
거리로 나와 외치는데
왜 우리에게 돌팔매를 던지는 겁니까
법이, 법이 아닌
이 시대에.

초인에게
—니체

구두끈 매다
신은 신이라는 생각에
무릎 탁 치며 일어나
광장으로 뛰어간다
신을 부인하는 것이
모독이라는 시대에
밑바닥 다 닳은 신을 신고
니체가 사람들 앞에서
신발 한 짝 벗어 번쩍 든다
신은 어디에 있는가
니체의 물음에
어느 초인(超人)이
신은 바로 발바닥이라고 대답하자
신을 섬기던 사람들이
고개 숙여 자기 신발 바닥을 바라본다
다시 신이 주인인가
아니면 신을 신은 너희가 주인인가 묻자

사람들이 신발 끈 고쳐 매고
자리를 떠나간다
그래, 신은 신는 것이지
섬기는 것은 아니라며
텅 빈 광장
니체 혼자 서 있다.

볼가강에서 그를 생각하다
—막심 고리키

두려워하지 마라
한 사람의 걸음보다
위대한 것은 열 사람의 걸음이다
머뭇거리는 사이 발 빠르게 달아나는
배부른 자들의 발걸음을 부러워하지 마라
한 덩이의 빵과 땀이 담긴 우유를 마시고
민중의 이름으로 일어나
걸어 나가자
은둔의 나무는 무관심을 먹고 자라기에
그 그늘 아래에 혁명은 없다
눈부신 햇살도 어둠으로 가려져 동굴이 될 때
동굴 안으로
신은 오지 않는다
신을 부르지도 마라
날품 팔아 굶주린 노동화를 꿰매며
신을 노래할 때
그 곁에 신도 함께하리니

노동의 불씨를 모아 보자
한 사람의 불씨가
열 사람의 불길로 번져 나가
자유의 날이 오면 신도 함께 하리니.

에티오피아에서
—랭보의 가방

파리는 지옥이었다
지옥의 계절을 벗어나
떠도는 무지개 한 자락 가방에 넣고
바람의 구두를 신고 떠나는 거야
파리를 떠나며 가방을 열어 보니
무지개는 햇빛이 사치스럽다는 듯
알몸으로 웅크리고 있다
검푸른 알몸 드러내 놓고
눈물 흘리고 있다
눈물이 사랑의 상징이 아니듯
상징으로 다가서는 사랑 또한 얼마나 허망한가
파도처럼 일어났다 뒤돌아가는 상징은
그 자리에 주저앉아 감정에 매달릴 것이다
늙은 병사가 석양에 떨어지는
인도양을 바라보고 있다
아, 누구를 위한 전쟁인가
어릴 적 청보리밭 뛰어놀던

푸른 얼굴들은
이미 검은 태양에 그을려 알아볼 수조차 없으니
이젠 유랑을 떠나는 거다
대서양 건너 아프리카 대초원 위에
토굴 짓고 무지개를 띄워 보는 거야
거대한 죽음을 위하여
일찍부터 붓을 꺾지 않았던가
나만의 무지개를 띄워 놓고
암사자 한 마리 옆구리에 끼고 달려 보는 거다
함께 뒹굴다가
이글거리는 태양의 눈동자 속으로 뛰어드는 거다.

낙타의 눈물
—몽골에서

풀 한 포기 자라지 않는
고비 사막으로 길 떠나는
낙타의 눈망울을 보아라
깊은 눈동자가 무얼 말하는지
고삐는 함부로 내어 줄 일이 아니라고
모래바람이 일렁인다

50℃ 오르내리는 열사의
고비 사막에서
물 한 모금 들이켜지 못하고
사흘 밤낮, 산고(産苦) 겪으며
낙타가 고개 들어 하늘 보며 운다

젖을 물려야
생명이 되는 절체절명의 순간
어미가 걸어온 길
새끼에게 걸어가라고

푸른 히닥* 걸어 주며 울고 있다

거친 모래바람이 부르는 노래
마두금** 소리 들으며

어미 낙타가 눈물 흘리고 있다
밤하늘 별들 보며
나처럼 그렁그렁 울고 있다.

---

* 몽골에서 부족의 평화와 조상을 기린다는 의미를 담은 푸른 천.

** 몽골의 민속 현악기.

돌아보지 마

만년을 두고 쓴 책이 있다
눈송이
하나하나 모아 쓴
만년설은 신의 책이었다

신의 눈으로만 읽을 수 있다는
지상에서
가장 오래되고 어렵다는
에베레스트 만년설을
눈앞에 펼쳐 놓고 첫 장 넘기어 본다

글자가 없다
글자가 보이지 않는 책
만년설을
손바닥으로 쓰다듬어 보다
아니다 싶어
두 무릎 꿇고 내 입술 대어 본다

입 속 가득 스며져
들어오는 만년설의 향기
과거도 사연도 다 사라지는 것이라고
웅웅이는 신의 말씀
이제는 돌아보지 마라며
내 등 다독인다.

루 살로메에게

바람이었나
거침없이 몰아치는 바람이었나
시대를 뛰어넘은
니체가 바람을 쫓아간다
다가서면 다가선 만큼 더 멀어지는
살로메의 바람을 뒤쫓는다
지성으로는 넘을 수 없는 미학 앞에
풀꽃처럼 흔들거린다
니체가 서산으로 떠나간 자리
눈 감아도 볼 수 있고
귀 막아도 들을 수 있는
열네 살 연하의 릴케가
반짝이는 눈으로 다가온다
나의 누이여
나의 신부여 귓전에 속삭임 두고
자유로운 영혼 살로메가
프로이트의 문을 두드린다

어느 곳에도
머물지 않는 바람이 되어
릴케의 편지를 젖는 눈으로 읽는다
꺼지지 않는
불꽃의 여인 루 살로메여
오라, 나에게
바람의 손짓으로.

부다페스트에서
—루카치의 톱니바퀴

톱니는 바퀴를 안고 돈다
바퀴에서 튕겨져 나온 톱니들이
바퀴에 무참히 짓밟히는 소리가
허공 떠돌고 있다
자본은 구조의 틈을 파고들어
계급이라는 플래카드 들고
톱니들에게 줄 세우고 있는 늦은 오후
줄 선 사람들은
그 줄이 어디로 가는 줄도 모르고
묻는 사람도 없다
문명의 소리에 하나 둘 귀가 닫힌 톱니들
눈 잃은 사냥개처럼 킁킁대며
냄새를 더듬고 있다
만들어진 냄새에 길들여진 톱니들이
뱉는 소리가
무게 없이 날리고 있다
밤이 되자 이빨 빠진 바퀴들

더 큰 바퀴가 되기 위해
산에 오른다
바퀴 구르는 소리가 무서워
납작 엎드린 노동자 등짝 위로
별빛 툭툭 떨어지고 있다
혁명의 횃불은 언제 타오를 것인가
아침이 오면 다시 줄 서 있을
저 사람들.

히말라야 좁교에게

등에 지면 콩 한 쪽도
짐이 된다는
해발 사천이 넘는 히말라야
고산 지대에 좁교*가 산다
산이 싫어 강가에만 산다는 물소와
고산에만 사는 야크의
피가 섞인 지상에서
가장 슬픈 짐승 좁교가 산을 오른다
퉁퉁 부은 발등에
상처 난 발굽 내려다보며
좁교는 말이 없다
오를 때는 오르는 일만
한다는 눈망울로
히말라야 설산 까마득히 올려다보며
묵묵히 걷고 있다

---

* 야크와 물소의 교배종.

인간이 져야 할 짐들을

대신 지고

오르막뿐인 히말라야의 험로를.

문
—사르트르

문을 사이에 두고
존재와 존재가 존재한다
열려 있는 문이나 닫혀 있는
문은 실존이다

문 밖의 존재가
문틈으로 문 안의
존재를 엿보고 있다
열려 있는 자유와
닫혀 있는 자유를 가늠하고 있다

문 안의 존재는
문 밖이 궁금해도 노크하지 않는다
문 열고 나갈 자유와
문 닫아 걸 자유 앞에서
선택을 고민하지 않는다

문을 못 보는 사람들이
문을 찾고 있다
문은 실존이라며
찾아 두드리면 열릴 것이라고
문을 찾아 헤매고 있다

이미 자기 안의 문을
부숴 버린 사르트르가
그들의 뒤를 따라가고 있다.

후쿠시마 고양이

훔치는 것은 두려운 일이다
하늘의 불을 훔친
프로메테우스도 아닌 후쿠시마의 사람들
하늘의 불이 깨지면
주워 담을 수도 없는데
불이 깨지면
바닷물로 덮으면 된다고
불의 탑을 쌓았던 사람들
지금은 아무 말이 없다
하늘의 불이 깨지기 전에
바다가 먼저 깨지자
하늘의 불을
주워 담으려 달려갔던 사람들
혓바닥에서는 비릿한
우라늄 냄새가 났다
위장 닮은 일본 열도
불의 씨앗을 훔친 죄 뒤집어쓰고

지금도 구토를 하고 있다
날개 달린 고양이가 끼룩거리며
아무 영문도 모르고
후쿠시마의 하늘 날아오른다.

제2부

단추를 달며

옷의 꽃은 단추다

물방울처럼 둥근
옷의 텃밭에

단단히 뿌리내린
꽃은 구멍이다

뻥 뚫린 구멍 사이
꽃 진 자리 휑하다

다시는 꺾이지 않을
깊이로 꽃을 심는다

한 땀 한 땀 단추를 단다.

피로스마니의 그림을 보며

조지아에서
피로스마니*를 만나 보았나요
일찍 부모를 잃어 학교 문턱도 밟지 못하고
카페 간판 그리다 남은 페인트로
염소나 당나귀
그리던 화가의 눈빛을

지하 창고에 웅크리고 앉아
꽃을 좋아하는 여배우에게
캔버스와 가재도구까지 팔아
그녀 뜰에 장미의 바다를 만든 그 마음을

창문 열어젖히고
환희의 미소로 달려올
여인을 기다리는
그의 심장 소리를 들어 보았나요

---

* Niko Pirosmani(1862–1918), 사후에 유명해진 조지아의 원초주의 화가.

모든 것 다 바쳐도 이루지 못한
그 사랑 만나기 위해 연인들이
백만 송이 파도로 몰려오고 있어요

사랑의 도시 그루지야에 가면
자신은 여배우가 아니라며
장미꽃 드레스 입고
결혼 행진곡 부르고 있어요
백마 탄 기사가 되어
날마다 장미꽃 한 송이씩 바치겠다고
손가락을 걸고 있어요

피로스마니의 고백이
강물 되어 흘러가고 있어요
사랑 이루지 못한 연인들의
손잡고.

겨울 나그네

—슈베르트 찾아가는 길

봄날은 꿈이었나
가자 눈 덮인 겨울 벌판을 지나
눈보라 헤치고 바위산으로 가자
얼굴에 부딪쳐 오는 눈발 떨구며 가자
산토끼 발자국 따라 집도 피아노도 없는
겨울 골짜기로 가자
얼음장 밑으로 흐르는 물소리 밟아 오르면
아름다운 물레방앗간
소녀와의 추억 만날 수 있을지 몰라
그곳에서 단꿈을 꾸어 보자
성문 앞 우물가
보리수 싱그러운 그늘 그리워하며
나뭇가지에 사근거리는 잎들의 선율 그리어 보자
새들이 운다
겨울 골짜기 나뭇가지 위에 앉아
마른 날갯짓으로
봄을 부르는 새들의 세레나데를 듣는다

슈베르트 발자취 찾아
오스트리아 빈에서 서른한 송이 꽃 들고
내가 부른다 겨울 나그네를
중학교 2학년 음악 시험 날
선생님이 나에게 묻는다
노래 부르라는데 넌 왜 우냐
그 목소리에
겨울 나그네는 미완성이다
미완성 교향곡이다
나에게는 지금도.

라캉의 거울

도마와 칼날 사이
낙지 한 마리 도마 위에서 춤추고 있다
탕탕탕 탕 타당탕
칼날이 자동소총 소리로 떨어지고
잠시 정적이 흐른다

그래도 살아서
꿈틀거리는 욕망 위에
참기름 몇 방울과
솔솔 뿌려진 참깨가
탕탕이의 죽음을 알리고 있다

끝까지 낙지가
욕망을 붙들고
흡입판을 들썩인다

타자는 누구인가
거울 속의 욕망이 라캉을 응시하며
죽음의 의미 묻는다

영혼이 없는 낙지의 파편들
의식과 무의식의 경계 넘어
거울 뒤편으로
낙지 한 마리 기어들고 있다
죽어서도 꿈틀거리는
욕망을 끌고.

코끼리 나라

살아온 나이가
법이라는 나라에 가 보았다
줄 세우지 않아도
척척 줄 서는
이상향의 나라에 들어가 보았다

대초원보다 넓은 가슴으로
한 덩이 무리를 이루고 사는
코끼리의 나라에 가 보았다

비가 오지 않는 사바나
건너기 위해
어미의 어미를 앞세우고
별빛 뚝뚝 떨어지는 밤에도
나뭇잎과 풀뿌리
코로 휘감아 삼키며
코끼리는 걷고 또 걷는다

탐내지 마라
상아는 장식이 아니다
너희들의 소유물이라 우기지 마라
거룩한 어머니의
대지에 묻을 우리들의 상징이다

자꾸 뒷자리로 몰려나는
세상의 노인들을 향해
코끼리가 귀 펄럭이며 손짓하고 있다

아무나 쓸 수 없는
지상에서
가장 빛나는 왕관을 쓰고.

차마고도

길을 열기 위해 깨어낸 바위 바닥이
비에 젖어 번들거린다
한 발도 마음대로
내딛을 수 없는 벼랑길 끼고
나는 걷고 또 걷는다
옥룡설산 아득히 올려다 보이는 호도협
가쁜 물소리 따라 구불구불 가다 보면
자꾸만 뒷목 타고 오는 고산병
따뜻한 물 한 모금으로
입술 적시고
내 안의 시커먼 트라우마를 지우기 위해
설산 오르고 있다
산을 닮은 나시족 사람들의
투박한 미소가
햇살에 눈부시게 쏟아지는데
그들 속에 스며들지 못하는
가파른 절벽을 오른다

거친 물소리에 휩쓸려

내가 보이지 않는 차마고도

날리는 빗방울이 무지개로 떠오르면

당나귀가 된 내가

천년의 세월 건너고 있다.

아픔도 잊은 채

세링게티

웅고롱고 초원은 포식자들의 아가리다
그 아가리를 채우기 위한
아가리들과 아가리에서 벗어나기 위해
발버둥치는 아가리들의 왕국이다
아가리의 사슬은 깊다
채우고 나면 금방 비워지는
아가리는 깨어진 독이다
풀과 나뭇잎 뜯는 초식 동물을 노리는
육식 아가리의 눈빛이
석양처럼 타오르고 있다
때는 온다 엎드려
누 떼를 기다리는 아가리가
입 벌리며 송곳니를 드러내고 있다
무리에서 벗어난 어린 누 한 마리
사자 아가리에 걸려든다
피의 향연을 보기 위해
사파리 안의 사람들은 쌍안경 쓰고 몰려들고

사슬에 걸린 새끼 누가
몇 차례 허공에 헛발질을 멈추자
창공의 독수리가 빙글빙글 돌고 있다
사자 아가리의 사슬이
독수리 부리로 이어지는 동안
바퀴를 탄 사람들은
저들만의 아가리 속으로 뛰어들고 있다.

산으로 가는 배

속이 뒤집어지면 물 한 모금 넘길 수 없는데
친구들 만나면
속이 좀 괜찮아질까 하여 나가 보았다

매운 음식이나 밀가루 음식만 먹어도
배를 안고 뒹굴어야 하는 내 속을 친구들이 어찌 다 알까
일 년에 서너 번씩 내시경 찍는
내 속을 보여 줄 수 없지 않은가

오랜만에 만난 친구들은 나를 두고
절에나 살지 왜 시집갔느냐고 핀잔이다
서서히 막걸리 판이 익어 가자
옆자리 남자 친구가 불쑥 퀴즈를 내겠다고 한다
고추를 먹어 보고 시집간 여자와
시집가서 고추 먹은 여자들 중에
누가 더 잘 살겠느냐고 묻는다

이제부터 안주는 고추로 하자며 박수를 친다
남자 친구들은 신이 난 듯 여자 친구들에게 고추를 권한다
서로 자기 고추 먹고 소감을 말해 달란다
위장이 뒤집힌 나에게도 고추 많이 먹고 재혼하란다

수십 년 만에 만나
흥을 더해 가는 고추 잔치에
가을 고추처럼 발그레 무르익어 간다
고추 먹고 맴맴, 담배 먹고 맴맴
소리, 소리가 내 귓가에 엉겨 붙는 하루다.

이 또한 지나가리라

물에도 상처가 있어요
돌부리에 넘어지고
긁힌 상처
물은 그냥 부둥켜안고 가고 있어요
그것이 살아가는 일이고
삶이라는 걸
걸어가 본 사람은
다 알고 있지요
어쩌다 여울을 만나면
소리치기도 하고
때론 안단테로 읊조리며
되돌아갈 수 없는
시간을 넘어
그렇게 가고 있어요
가는 길 묻지도 않고.

양파

싱크대 도마 위에
실오라기 하나 없이
숨죽이고 앉아
칼날을 기다리는 너를 본다
알 수 없는 속도로
떨어지는 시퍼런 날을 본다
한순간에
쏟아져 내리는 허연 피비린내
차마 눈 뜰 수가 없다
겉과 속
속과 겉이 다른 세상에
채찍으로 내리치는
너의 눈초리는 맵다
몇 겹 벗기어 내도
소리치지 않는 순결이다
메마른 흙 속에서
피워 올린
너, 빛보다 환한 순교자여.

푸른 방

내 안에는 파랑이 살았다
파란 눈에 파란 귀를 가지고
파란 목소리를 내며 살았다
내가 넘어지면 달려와
나를 일으켜 주고
눈물 닦아 주기도 하며
같은 시간에 잠이 들고
같은 시간에 일어나
서로 거울처럼 비추며 살았다
어느 날인가 파랑이가
그림자만 남겨두고 내 곁을 떠났다
그가 떠난 뒤
파란 그림자 속에 갇혀 기다리다가
고개를 들어 하늘을 바라보니
파랗다
파랑이의 집은 하늘이었나 보다
내 안에서 자꾸 파랑새가 운다

파란 하늘 올려다보며.

우장산 산책길

땅속에는 아무도 모르는 색깔이 살고 있다
흙이라는 이름으로
색깔들이 모여 어깨동무를 하고 있다
사람들은 제아무리 발버둥을 쳐 봐도
땅속에서
색깔 하나 끄집어낼 줄 모른다
엉킨 실타래를 풀 듯
한 올 두 올 뽑아 올릴 줄 모른다
땅은 아무 말 없이
제 몸뚱이에 뼈를 묻으라고 한다
뼈를 묻고 온전히 썩어
흙에 안기라고 한다
그래야만 싹을 돌려주고
잎을 돌려주고
색깔을 돌려주겠다고 한다
이른 아침 우장산 산책길에서
봄 햇살 듬뿍 안고 선 민들레꽃을 본다

이렇게 얕은 흙속에도
금맥이 있었던가
뼈를 묻고서야 캐낸 저 눈부신 얼굴들
봄날이 온통 번쩍인다.

바람의 무게

바람보다 가벼워야
멀리 날아갈 수 있다는 것을 가르쳐 주고
민들레 홀씨가
바람을 타고 멀리 떠나가 버린 날

그 말이 귓전에 맴돌아
바람의 무게가 얼마나 나가는지
풀밭에 쪼그려 앉아
바람의 무게를 달아 본다

주위를 둘러보다 보니
바로 옆에 달팽이 한 마리 있어
그에게 바람의 무게가
얼마나 되는지 물어 본다

눈금도 없는 두 뿔에
가만히 바람을 걸어 놓고
재어 보더니

달팽이가 말한다
세상이 온통 바람의 집이라고
뜬구름만 환한 어느 봄날.

제3부

약속

결혼 약속은 반지가 아니라
자전거로 하자던 사람
반지도 가만히 들여다보면
그 안에 바퀴가 들어 있다고
좋아하던 사람
이왕이면 큰 바퀴가 좋겠다고
환하게 웃어 주던 사람
앞바퀴가 지나간 자리
뒷바퀴는 따라오면 된다고
바큇살처럼 활짝 웃던 사람
이제는 내 운명을 태워 줄
그 사람 없다 어디에도.

K 형에게

사철을 두고 오가던 학교 길
순이네 외딴집 울타리는
얼기설기 돌로 쌓은
나지막한 돌담길이었지
십 리 길 터벅터벅 걸어가다가
그 집 앞을 지나노라면
절반쯤 왔다는 생각이 들던 집
이제 그 집은 다 사라지고
내 기억 속에만 남아 있지
K 형, 순이네 집 돌담은
우리 둘만 아는 우체통이었지
돌멩이 하나 들추어내고
그 밑에 넣어 두면
소인 없는 편지로
라이너마리아 릴케를 이야기하고
윤동주를 말하던 시절이 있었지
비 오는 날이면 돌담 속

편지가 젖을까 봐 안절부절못하던

단발머리 소녀가

우체통이 되어 주던

돌멩이 들고 와

오늘도 보고 있어

책꽂이 위에 올려놓고.

상처 입은 꽃

창밖에
흰 목련이 달빛에 시리게 지던 날
둘째 아이 출산 준비물 챙기다
당신이 쓴 일기장을 펼쳐 보게 되었어요
세상에서 제일 부러운 것이
목욕탕에서 아들이
제 아버지 등 밀어 주는 모습이라고
써 놓은 일기
차마 끝까지 읽을 수가 없었어요
당신이 마당 끝에 심어 놓은 목련이
저 혼자 지고 있어요
어쩌자고 그렇게 서둘러 떠났나요
내가 가야 할 길 당신이 대신 간 건가요
오늘은 당신의 목소리 닮은 큰아들과
얼굴 한 번 본 적 없는 둘째 데리고
당신 앞에 서 있어요
나에게 별이 보이는 집

지어 주겠다던 그 약속
어찌 다 지키려고 그리 누워만 있나요
당신 내 말 듣고 있지요
제비꽃이 파랗게 질려 있는 것 보니
당신도 놀란 거예요
두 아들이 꼭 당신 닮아서.

가자미

—어느 교수에게

문창과 수업에 들어가니
등짝만 한 가자미 한 마리가
칠판에 그려져 있다
교수가 눈알을 굴리더니
누가 그린 거냐며 물어도
학생들이 까르르 웃기만 한다
그가 잽싸게 가자미를 지우며
창가로 고개 돌린다
연구실에 찾아올 때는 청바지 입지 말라며
악기론을 펼치던 그는 어디 갔을까
여자는 악기라며 스스로 연주자가 되어
예쁜 여자들만 골라 연주하던
그는 요즘 TV 뉴스 보지 않는단다
이제 학점에 매이지 말라더니
언제부터 가자미가 되었을까
교수님, 가자미 낚시 해 보셨냐는 물음에
지운 칠판 다시 지우며

창가로 헛 눈길만 던지고 있다
바다 모래 바닥에 바짝 엎드려
가자미 길 더듬고 있다
태풍이 지나가면
숭어처럼 튀어오를 그날 기다리며
마른침 꿀꺽 삼키고 있다.

밤하늘에도 상처가 있어요

밤하늘에도
상처가 있어요
하늘에 숭숭 뚫려 있는
별의 자국들 올려다보면
상처들이 모여
빛이 되고
빛이 모여
어둠을 밝히고 있어요
넘어지고
깨어진 자리마다
빛이 일어서고 있어요
상처뿐인 그대가.

나팔꽃

입술 꼭 다물고 피어 있는
나팔꽃을 본 적이 있나요
새끼줄도, 기대어 오를 벽도 없이
피어 있는 나팔꽃을
다른 꽃들에게 일어나라고
꽃피울 시간이라고
저벅저벅 아침이 걸어오고 있다고
햇살이 참 눈부시다고
줄을 타고 기어 올라가라고
나팔 불어야 하는데
나팔을 불 수 없는 나팔꽃을
땅바닥을 기어가며
호박잎 뒤에 숨어 혼자서 흐느끼고 있는
나팔꽃을 본 적이 있나요
나도 한 번쯤은 사랑이고 싶다고
말 못하고 죄인처럼 사는
나팔꽃 이야기를 들어 본 적이 있나요.

제 몸뚱아리 어디에 상처가 있어
그 상처를 안고
살아가야 하나요
타고 오를 끈이 없다고
입까지 다물고 살아가야 하나요
햇살은 저리 빛나고
다른 꽃들은 환히 피어나고 있는데.

어떤 불면

내 머리맡에는
불면이 살고 있다
얼굴도 이름도 없는 녀석이
거머리처럼 흡판을 들이대며
나를 빨고 있다
피도 살도 내어 주고
뼈마디만 남은 나를
내가 들여다본다
흥건한 핏자국의 상흔들
텅 빈 머릿속에 기어든 거머리가
춤추나 보다
지구 반 바퀴쯤 돌려놓은 어지럼증
잠속으로 뛰어들어야 한다
저 거머리의 발목을
비틀어 잡고.

석양주

24시 병원은 비상구가 보이지 않는
불 꺼진 방입니다
대학병원 노조 만든다고
대자보 썼다가 쫓겨나던 날
내 친구 덕순이도
이유 없이 내쳐졌습니다

노조 만들다가 직장 잃는다고
뒤를 밟는 아버지를 피해
광명 철산리 지하방에 숨어
물고기처럼 숨만 헐떡입니다

병원에 이력서 내밀면
블랙리스트가 고개 내젓는 줄 모르고
쏟아지는 장맛비에 떠밀려
뿌리 뽑힌 나무가 되고 말았습니다

서해 고군산열도 바라보며

망해사 낙서전에 앉아

덕순이와 석양주를 마십니다

얼큰한 해장국의 선지 덩어리 보며

오늘은 내가 해고장 씁니다

병원장 나와, 너 당장 해고야.

솟대의 꿈

백산에 올라 삭정이 주워
비 오는 날 아버지가
대청마루 걸터앉아 솟대를 만든다
조선낫으로 나무껍질 벗겨
가지 끝에다 종이배 닮은
나무둥치 깎아 올려놓고
어린 나를 보며 씩 웃는다
아버지는 저 아슬아슬한 나뭇가지 위에
왜 배를 매달아 놓는 걸까
동진강 물길 따라
용왕님 만나고 싶은 걸까
그러다 송곳으로 나무둥치에
구멍을 뚫는다
돛대 세우는가 싶었는데
새 주둥이를 끼워 넣는다
아버지의 꿈은
바다가 아니라 하늘이었나 보다

몰아쳐 오는 외세의 거친 폭풍 속에서
갑오년 동학농민의
외침을 듣고 있나 보다
길게 목을 뺀 새가 되어.

파랑새는 알고 있다

청보리 한 주먹
뿌릴 곳 없는
황토밭에 주저앉아
땅을 치는 농부를 바라본다
핏발 선 눈망울 차마 바라볼 수 없어
우리 봉준이가 펵펵 울고 있다
집으로 달려가
괭이자루 뽑아내
시뻘건 장작불 속에 던져 넣고
창을 들었다
가자, 저 탐관의 무리들
목을 뽑아 황토밭에
피 뿌리고 말리라
그들은 더 이상 우리가 아니다
치마폭 찢어내 높이 치켜든
보국안민의 깃발들
횃불이 되고 강물이 되어

이 산하 이 강토 휩쓸어 버리고야 말리라

무릎이야 꺾을 수 있으나

결단코 무릎은 꿇지 않으리라

두 눈 부릅뜨고

내 파랑새 울음 울리라.

김개남, 후손을 만나고 오던 날

지리산 진달래를 보면
핏빛 냄새가 난다
그러니 눈앞에 펼쳐진
피아골 함부로 들 일 아니더라
하늘에서 왕의 이름 얻었다는
천왕봉에 올라
동학 농민군이 지나간 길
짚어 가며 오를 일 아니더라
노고단 정상에다
돌멩이 하나 올려놓는다 하여
피멍 든 그들의 울분
달래 주는 일 아니더라
서로의 허리춤 잡고 이끌어 주던
팔십 리 고갯길을
헤아린다고 될 일 아니더라
그날의 상이암 화백나무는 다 알고 있다
그들이 무슨 기도를 올렸는지

전주골 초록바위는 다 듣고 있다
우리 개남이의 목소리를
이제는 다시 땅을 내어 주지 말자고
지리산 계곡
진달래 핏빛 물소리로
우리를 부른다.

손화중, 광화문에서 만나다

절벽 끝자락에 앉아
하늘만 쳐다보며 평생을 살아온
선운사 동백나무 앞에 서 보았는가

동백이 지는 사월 어느 날
선운산에 올라
수탉 벼슬 같은 검붉은 피가
뚝뚝 떨어지는 것을

도솔암 마애불상 아래
우리 화중이 무릎 꿇고
도적놈들 일깨우는
검단선사의 죽비 소리 들었지

염전 일구라고
백성으로 돌려보낸
선사의 일침을 새기며

마침내 우리 화중이가
제폭구민의 횃불을 들었다

살아서 부끄럽지 않은
서른다섯 해의 목숨 줄 안고
새벽닭 울음소리로 살다 간
그가 오늘
저벅저벅 걸어 나오고 있다
일백이십오 년을 뛰어넘어.

훈몽재

훈몽재* 앞 시냇가에는
너럭바위 앉아 있다
오가는 물고기 떼 슬그머니 내려다보며
흐르는 세월 속에
발 담그고 자연가를 부른다
벼슬길 마다하고 낙향한 그대 마음
이제야 헤아려 보니
밤낮없이 이전투구만 하는 것도 나라던가
말 한마디 어긋나면
삼족을 멸한다는 그런 법도 나라던가
소학 대학 펼쳐 들고
근동 아이들 빼곡히 불러 모아
까막눈을 틔워
밝은 세상 열던 하서(河西)
수신(修身)은 처음이요, 치국(治國)은 다음인데

---

* 訓蒙齋, 전라북도 순창군 쌍치면 둔전리. 하서 김인후(1510-1560) 선생이 강학했던 장소.

한여름 대청 너머로
매미들도 글을 읽는지
요란한 훈몽재 앞마당
수신은 처음이요, 치국은 다음이라.

또 그 질문

석 달이란다. 백 일도 채우지 못할 암이란다. 아버지처럼 기대어 온 오빠를 그렇게 보낼 수 없어 오빠 찾아 나서는 광주 길. 나에게 혼자 어찌 살 거냐고 눈물 글썽이는 오빠. 하룻밤이라도 육남매의 정을 풀어 보자고 부둥켜안고 우는데. 큰아이에게서 덜컹 전화가 왔다. 동생이 갑자기 걸음을 못 걷는단다. 등 떠미는 오빠를 두고 와 보니, 둘째 아이는 발목이 탱탱 부어 뒹굴고 있다. 병원 응급실로 갔더니 급성 신경염이라 한다. 초등학교에 갔다 온 큰아이가 병실 보호자라고 있자, 환자들이 아빠는 어디 갔느냐고 묻는다.

오가는 사람마다 아빠 외국에 갔느냐 묻고. 엄마와 아빠 이혼했냐고 묻고. 며칠 동안 입 꾹 다물고 있던 아이가 결국 말했다고 한다. 처음에는 6인실 병실에서 4인실로, 2인실로 바꾸어 봐도. 피할 수 없는 그 질문. 퇴원 각서를 쓰는 그 순간까지.

제4부

빈집

비스듬하게
햇살이 기웃대는 대문으로
주저앉은 잡초들
깨진 장독대에
반쯤 고인 참나리꽃
제 얼굴 잠시 비추어 보는 사이
잠자리 몇 마리
마당을 맴돌다 사라지고
문패 없는 섬돌 가
꽃들은 피어나는데
돌담이 돌무덤으로 가라앉은
빈집에 들어와
문득 나를 만난다
내 안에 버려진 시간과
더러 피어 있는 꽃
잊힌 것들의 고요를 마주하며
오래된 나를 쓰다듬는다.

우물

얼마나 깊은 것일까
우물 안에 돌멩이 하나
던져 넣으면
물거품 잠시 피워 올리다 사라진다
상처의 흔적 안고
우물은 돌이 되고
돌은 우물이 되어 간다
두레박 내려 퍼올린 물
벌컥벌컥 들이켜는 사람은
우물의 깊은 상처를 모른다
누군가 찾아와 우물 들여다봐도
그 깊은 상처를 알지 못한다
세월로도 삭혀낼 수 없는
돌은 우물이 되어
달이 뜨고 별이 져도
서로 살 부비며
한 몸이 되어 간다.

기억 죽이기

두더지처럼 고개 쳐드는
놈의 정체를 잡고 싶다
망치로 정수리 내리치면
빽 소리 지르며
다른 구멍에서 다시 고개 쏙 내미는
슬픈 기억의 파편들
습격하듯 불쑥 튀어나와
내 얼굴에 검은 비닐봉지 씌우는
놈을 찾아
머릿속 뒤지다 보면
어느새 가슴속에 가 있고
한 마리인가 하면
그 사이 서너 마리로 분화하는
놀라운 기억의 줄기들
그놈을 잡기 위해
사우나탕에 들어가
목이 차오르도록 몸 담그면

뜨겁다 소리치며
탕 속을 뛰쳐나오는 두더지들
때려도 죽지 않고
또 다른 기억 속에서
고개 내미는
기억의 늪은 마르지 않는다.

갠지스강

바라나시
갠지스강은 시간이었다
길게 누워 흐르는
시간이었다
타닥거리는 불길 속
환한 미소
삶과
죽음의 시간이 뒤엉켜
고삐 없는
피안(彼岸)으로
물소 한 마리
풍덩 뛰어들고 있다
아, 물씬한 이승의 냄새여.

연화도

욕지에서 내려다보면 안다
남해 바다 저 멀리
꽃으로 피어나
오가는 고깃배를 향해
합장하는 섬이 있다는 것을
어느 봄날
통영 선착장에다
일상을 벗어던져 놓고
갈매기 춤사위 따라 떠나보면 안다
억겁의 시간을 넘어
온전히 나를 벗기 위해
뒤돌아보지 않고 훌쩍 떠나 보면 안다
바다가 섬이 되고
섬이 꽃으로 피어났다는
연화도에
무심하게 핀 수국 길 따라 올라
저 파릇한 봄빛 머금고

토굴에 들어가
한 백 일쯤 묵언하다 돌아서면
환하게 쏟아지는 햇살처럼
나도 연꽃으로 피어날 수 있을까
연화사 대웅전
관음의 미소 닮을 수 있을까.

종이컵

내게는 손이 없다
누구나 쉽게 잡을 수 있는
손잡이도 없다
도망칠 발도 없다
나에게는 온통 없는 것만 있을 뿐이다
그래서 아무리 펄펄 끓는
물속도 타오르는 불길도
무섭지가 않다
사람들 손에 잠시 들렸다가
버려지는
삼 그램쯤 되는 목숨 하나
덩그러니 남아 있을 뿐이다
가슴 텅 비워 놓고
그 순간만 기다리며
내게 말을 건다
너도 한 번뿐이라고.

곰소항

바람 부는 날이면
우리 곰소에 가자
적벽에서 부는 바람 안고
머리카락 휘날리며 달려가
곰소 염전에
발 한번 담가 보자
그러면 나도 눈부신
소금이 될 수 있을까
한나절쯤 발 담그면
빛나는 결정이 될 수 있을까
햇볕에 등짝 태우며
온종일 견디다 보면
나도 뼛속까지 빛나는
소금이 되어
새우, 멸치, 바지락 젓갈에 섞여
구수하게 곰삭아질 수 있을까
바람과 햇살 안고.

수박 아저씨

여름이면 아파트 입구에 용달차를 몰고 와 왁자지껄 외치는 밀짚모자 수박 아저씨. 손등으로만 두드려도 속을 다 안다고 큰소리친다. 지나가는 나를 보고 속은 책임진다며 아이 머리통만 한 것을 불쑥 내민다. 오늘은 아니라며 애들 아빠 제사상에 올릴 거라고 큰 수박 찾았더니, 돌아갈 때마다 팔다 남은 수박 우리 집 앞에 놓고 간다. 팔아야 할 수박인데 그냥 가져가라고 하면서 누런 이를 드러낸다. 내년에는 우리 아파트 상가에 과일가게 열 거라며 넌지시 내 속 두드려 본다. 비 오는 날 만나 수박밭도 보여 주고 탕수육도 먹으며 결혼 신청하겠다고 비 오기만 기다린다. 밀짚모자 아저씨, 수박 팔 생각은 하지 않고 까맣게 타 버린 내 속을 자꾸 두드리고 간다.

정말 그런가요

이름도 주소도 모르는 등기 편지 들고 우체부가 찾아왔어요. 봉투 뜯어 보니 편지와 함께 돈도 들어 있었어요. 편지를 읽다가 그만 주저앉아 버렸어요. 우리의 사연을 내가 방송에 출연한 것 보고 알았다며 자기는 신 내림 받은 신의 딸이라고 말했어요. 그런데 자기의 딸도 교통사고로 당신처럼 세상을 뜨고 말았대요. 원래는 자기의 딸과 인연이었는데 인연이 아닌 내가 당신과 결혼해 신이 노해 둘째 아이 얼굴도 못 보도록 당신을 데려갔대요. 그 후 자기의 딸도 죽었대요. 그래서 자기 딸과 영혼결혼식 해야 한대요. 봉투 속에 있는 돈으로 우리 셋이서 좋은 옷 한 벌씩 사 입고 영혼결혼식에 참석하라고 시간과 장소까지 적어 보냈어요. 부부 간이라도 십 년을 살지 못하면 인연이 아니라며 당신을 그만 놓아주래요. 인연도 아닌 사람이 붙잡고 있으면 아이들에게 불행이 닥칠 거라고. 정말로 그런가요. 이제 당신도 하늘에 있다고 마음 변해 버렸나요. 아니지요, 그건 정말 아니지요. 그 여자가 나에게 헛소리하는 것이지요. 당신 사진 보고 당신의 훤칠한 키에 앳된 모습이 그냥 자기의 딸과 잘 어울리겠다 싶어

하는 말이지요. 여보, 그 여자가 정신 차려 다시는 이런 편지 못 보내게 어떻게 좀 해봐요. 제발.

해원앙 이야기

그대, 눈앞이 보이지 않아도
아니 눈조차 멀어도
살 수 있는 물고기를 아는가

바닷속 심연에서
서로 얼굴 마주 보며 눈 떠
꼬리 물고 사는 그들의 사연을 아는가

나이가 다르고
태어난 곳은 달라도
한 번 맺은 인연으로
평생 살다 가는
그들의 사랑을 기억하는가

그 뜨거운 정절 앞에
무어라 이름할 수 없어
전갱이라고 부르고

납자루라고도 부르는
바다의 원앙
죽어서도 헤어지지 않는다는
그들의 이야기 들어 보았는가

헤어지는 것이 죽음보다 부끄러워
서로 꼬리 물고 다니는
정절의 연인 해원앙(海鴛鴦)을
그대, 닮지 않으런가.

벽이 벽에게

벽에 기대고 앉아
맞은편 벽을 바라본다

벽이 조금씩 편안해져 벽인 줄도 모르고
벽에 기대고 앉아

나는 그 누구에게
벽이 되어 주었나 생각해 본다

누군가가 나에게 기대어 오면
나는 한번쯤
벽이 되어 준 적이 있었던가

내가 무너지면
맞은편 벽도 무너지는 연인 사이

나도 사람 하나 만나
그의 벽이 되고 싶다.

김장

너를 절개하고서
소금 한 줌 집어들 적에
너의 눈부신 속살을
보았단다 꽃이었지
어떻게 안으로
꽃피울 수가 있니
이제 내가 할 일은
개나리보다 노란 꽃 이파리
사이사이를 들추어 가며
소금 뿌려 놓고 하루쯤 기다리는 일이지
잎사귀는 말이 없고
대관령 황토밭
헤매던 바람 소리도 잠잠하구나
노랗게 피어나던
너는
무엇을 꿈꾸고 있니
발그레 갈아입은 속살
소녀 적 내 젖가슴이 보인다.

흙

땅에다 줄 하나 쭉 그었다
선 위에 눈이 내린다
누군가
눈사람 만들어
모자를 씌워 주고 간다
'흐'
사람 눈에 돋은
새싹들
'ㄹ'자로 웅크리고
그 곁에 'ㄱ'자로
꺾인 목소리
눈이 녹으면
새싹들 북북 돋아나겠지
지평선 파랗게 물들이며.

백산에 올라

땅이 저리도 넓다는 것을
백산에 올라서야 알았네
내 땅에 주저앉아
엉덩이 한 짝 붙일 땅덩이가 없다는 것도
백산에 올라서야 알았네
어쩌다 논 한 뙈기
소작농으로 지으면
열 손가락으로 헤지 못할 세금으로
다 거두어 가고
손에 남는 건
희멀건 보리죽 몇 그릇뿐
산도 울고 강도 우는
시퍼런 백산 하늘 아래서
동학농민군 흰옷 입고
하나가 된 까닭을
백산에 올라서야 알았네
내 땅, 내 나라, 내 민족의

뜨거운 외침 소리가 들리어 오네

저 멀리서 말발굽 소리로 달려오네.

청구원*에서

아침에 일어나 방문을 여니
뜨락의 목련
불을 밝히고 서 있다

어머니가
밤새 다녀가셨나 보다
발자국 소리도 없이 오셔서
가지마다
촛불 환하게 켜 놓고
몰래 다녀가셨나 보다

목련이 피는 봄날은
어머니가 무척이나 기다려진다

무릎 베고 누워

---

* 전북 부안. 신석정 시인이 기거하던 집.

가슴 더듬는 나를 보며
머리 쓰다듬어 주시는
어머니 손은 목련 빛이었다

목련이 핀다
뜨락에 촛불 밝히려
어머니가 또 오시나 보다.

해설 · 시인의 말

해설

현실과 탈현실 사이의 고통스러운 여정

도종환(시인)

시인은 이상주의자다. 시인은 꿈꾸는 자다. 시인은 별을 노래하는 사람이다. 별도 시인의 눈빛을 알아보고 시인의 머리 위에서 반짝인다. 시인은 천성적으로 고독한 사람이다. 현실에 제대로 적응하지 못하는 이들이 많다, 상식적인 눈으로 세상을 보려 하지 않는 이들이다. 현실세계의 모순을 비판하고 즉자적인 세계에 편입된 자기 자신까지도 못마땅해 하며 비난하는 이다. 보들레르는 "시인은 폭풍 속을 드나들고 사수(射手)를 비웃는/구름 위의 왕자 같"았으나 "야유의 소용돌이 속에 지상에 유배되어/그 거대한 날개가 걷기조차 방해되"는 새 「알바트로스」라고 비유하기도 했다. 알바트로스는 하늘에서는 창공의 왕자라는 별명을 얻으며 매끈한 자태로 비행하지만, 지상에서는 잘 걷지도 못하고 두 날개를 질질 끌면서 어색하고 우스꽝스러운 모습을 보이는 새다. 사람들은 그 모양을 보고 조롱하며 즐거워한다.

나는 무엇을 말할 수 있는가. 누군가는 나를 금치산자, 인격 파탄자로 내몰아도 저기 밤하늘의 별들은 내게 찾아와 빛으로 피어나고 있다. 내 안의 세계를 보여 줄 수 없는 나는 기호의 창문 열고 불안과 우울의 털실로 옷을 짜고 있다. 별빛과 달빛 뽑아내어 한 올 한 올 옷을 깁고 있다. 한 땀 한 땀 옷을 만들어 건네 보지만 사람들은 입지 않는다. 보이는 현상이 실제라는 관념의 다리를 끊어 버리고 훌쩍 건너오라고 해도 그들은 물끄러미 나를 바라만 본다. 흔들리는 그들의 눈빛 속에서 우울을 읽는다. 상징은 꽃이 아니라 기호의 둥지가 아니던가. 둥지는 없다. 날아갈 곳이 없는 새 한 마리 상징이 날개인 줄도 모르고 날개 접고 어둠을 응시하고 있다.

—「둥지는 없다-보들레르」 전문

이 시의 화자는 "불안과 우울의 털실로 옷을 짜고 있다", "별빛과 달빛 뽑아내어 한 올 한 올 옷을 깁고 있다." 그렇게 짠 옷을 건네 보지만 사람들은 입지 않는다. 그 옷은 별빛과 달빛으로 짠 아름답고 소중한 옷인데 왜 입지 않을까? 지상에서는 볼 수 없는 별빛 옷, 달빛 옷이지만 동시에 불안의 옷, 우울의 옷이기 때문이다. 그들에게 '보이는 것이 전부가 아니'라고, 그건 관념이라고, 관념의 다리를 끊어 버리고 내게 오라고 권하지만 그들은 물끄러미 바라볼 뿐 내게 오지 않는다. 이 시의 화자는 현실에서 금치산자, 인격파탄자로 내몰리는 이다. 다만 밤하늘의 별들이 찾아와 주어 빛으로 피어나고 있는 이다. 이런 모순된 조건 속에 사는 이가 시인이다. 그래서 "둥지는 없다." 현실에서는 안착할 곳이 없는 것이다. "날아갈 곳이 없다"는 사실도 마찬가지. 날아갈 곳이란 시인이 지향하는 이상 또는 이상적인 곳이리라. 그러나 없다. 날아갈 곳이 없는 새는 어떤가? "날개 접고 어둠을 응시하고 있다." 현실에서 시적 자아가 할 수 있는 일은 날지 않는 일이다. 그리고 어둠을 응시하는 일이다. 시적 자아를 둘러싼 주위는 어둠뿐이고, 그 어둠을 응시한다. 그러나 어둠을 응시하면서 반짝이고 있는 것이 별이라 했다. 별빛이 시적 자아의 내면이다.

어린 시절 보들레르는 조숙하고 타락한 비행청소년의 표본이었다. 심한 우울증 증세를 보였고, 천성적으로 고독한 인물이었다. 1839년 바칼로레아 시험에 합격한 뒤 의붓아버지가 마련해 준 외교관 자리를 마다하고 글을 써서 살아갈 작정이라고 선언하여 어머니를 놀라게 했다. 그는 안정적인 직장보다 바람 같은 자유를 원했다. 보들레르는 세상에 인정받지 못한 채 죽었고 그의 글은 대부분 출판되지 않았으며, 그 이전에 출판된 것들조차 절판되었다. 그가 상징주의 운동의 지도자로 추앙받고 글 쓰는 방식에 혁명을 일으켰다고 평가받은 것은 20세기에 들어서면서였다. 그는 이미 상징의 시적 힘을 강력히 주장했었고, 그런 점에서 현대적이었다.

시인은 천상의 존재일까, 지상의 존재일까? 시인 이성복은 「보들레르에서의 대립적 세계의 갈등과 화해」라는 글에서 "예술이 서 있어야 할 자리는 현실과 신비, 어느 한쪽이 아니라, 두 세계 사이의 긴장된 공간"이라고 한 바 있다. 그는 "보들레르는 그 대립적인 본질로 인하여 결코 하나가 될 수 없는 두 세계 사이에서 스스로 고통스러운 왕복을 되풀이함으로써 문학이 서 있어야 할 자리를 명확히 해주었다"고 평가한다.

> 파리는 지옥이었다
> 지옥의 계절을 벗어나
> 떠도는 무지개 한 자락 가방에 넣고
> 바람의 구두를 신고 떠나는 거야
> (……)
> 눈물이 사랑의 상징이 아니듯
> 상징으로 다가서는 사랑 또한 얼마나 허망한가
> 파도처럼 일어났다 뒤돌아가는 상징은
> 그 자리에 주저앉아 감정에 매달릴 것이다
> (……)
> 이젠 유랑을 떠나는 거다
> 대서양 건너 아프리카 대초원 위에

토굴 짓고 무지개를 띄워 보는 거야
거대한 죽음을 위하여
일찍부터 붓을 꺾지 않았던가
나만의 무지개를 띄워 놓고
암사자 한 마리 옆구리에 끼고 달려 보는 거다
함께 뒹굴다가
이글거리는 태양의 눈동자 속으로 뛰어드는 거다.

—「에티오피아에서-랭보의 가방」 부분

랭보는 천재 시인이다. 현재 남아 있는 그의 시는 열다섯 살 때부터 열아홉 살 때까지 쓴 시들이다. 랭보는 말라르메, 폴 베를렌과 함께 프랑스의 상징주의를 대표하는 시인이다. 그는 사회 제도, 인습, 종교, 상식 등 인간을 구속하는 모든 것에 저항했다. 랭보는 시인은 견자(見者)가 되어야 한다고 생각했다. "견자란 진정한 현실, 세계의 본질을 꿰뚫어 보는 능력을 지닌 사람이며, 그러려면 개인의 인격을 형성하는 인습적 관념과 관계있는 모든 제약에서 벗어나고 시인 자신의 영혼을 제대로 인식해야 한다. 더 나아가 영원한 신의 목소리를 내는 도구로서의 예언자가 되어야 한다."고 했다. 파리에 입성한 랭보는 시인들 사이에서 조숙한 천재로 추앙받으며 무질서하고 방탕한 생활에 빠지기 시작했다. 다 아는 것처럼 베를렌과는 문학적 동지이면서 애정을 나누는 관계로 발전했다. 베를렌은 아내와 랭보 사이에서 갈팡질팡했고, 아내를 버리고 랭보와 동거하기도 했으며, 그러면서 둘은 끊임없이 서로를 갈망했고 계속해서 다투고 갈등했다. 결국 베를렌이 랭보를 총으로 쏘면서 둘의 관계는 파탄 났다.

이 시 첫 행 "파리는 지옥이었다"는 랭보의 파리 생활을 압축한 표현이다. 랭보 자신은 「지옥에서 보낸 한 철」이라는 산문시에 이 이야기를 담았다. 그가 겪은 사랑, 갈등, 위선, 환멸을 마음껏 세상에 알리고자 했다. 1875년경부터 랭보는 세계 각지를 떠돌아다녔다. 이 시 네 번째 행 "바람의 구두를 신고 떠나는 거야"는 베를렌이 랭보를 '바람 구두를 신은 사나이'라고 일컬은 데서 온 말이다. 랭보는 정신적, 육체적으로 어디에도 구속받지 않고 떠돌아다니며, 시가 아닌 다른 방향의 견자가 되고자 했다. 랭보는 커피 회사 감독관, 무기 중개상, 용병, 탐험가, 채석장 막일꾼 등을 하며 네덜란드, 자바, 북유럽, 독일, 이탈리아 등을 바람으로 떠돌았다.

이 시에서는 아프리카로 떠나고자 하는 열망을 주로 표현하고 있다. 이 시의 아프리카는 현실에서 가장 멀리 떨어진 곳을 상징하고 있다. 그러나 어떻게 보면 아프리카 이면으로 숨는다고 볼 수도 있다. 무지개를 띄워 본다고 했지만 무지개는 이미 손에 잡을 수 없다는 걸 뼈저리게 깨달은 뒤에 출발하지 않았던가. 랭보의 유랑은 들뜨는 유랑이 아니라 무거운 방랑이었을 것이다. 아프리카를 비롯한 유랑의 공간은 현실에서 가장 멀리 떨어진 곳을 찾아가는 경로였을 것이다. 상처의 기억으로부터 가장 먼 곳을 찾아가는 여정이었을 것이다. "상징으로 다가서는 사랑 또한 얼마나 허망한가"라고 했지만 베를렌과의 사랑은 상징이 아니라 처절함이었을 것이다.

랭보는 "나는 선택받았고 나는 저주받았네"라고 노래한 바 있다. 랭보 자신의 운명을 한마디로 담아낸 구절이다. "암사자 한 마리 옆구리에 끼고 달려 보는 거다"라고 했지만 그런 열망과 달리 가슴속에 이글거리는 동물적 충동이 현실에서는 고된 노동으로 나타났다. "이글거리는 태양의 눈동자 속으로 뛰어드는" 모험이 현실에서는 고작 무기 판매상인, 코끼리 상아 매매 상인이었다. 아프리카 생활 십여 년에 무릎에 생긴 종양으로 오른쪽 다리를 절단해야 했고, 바람의 구두는 더 이상 신을 수 없었다. 그리고 서른여덟의 나이에 세상을 떴다. 이 시는 예견된 죽음이었다고 말한다. "거대한 죽음을 위하여/일찍부터 붓을 꺾지 않았던가"라는 암시가 말해준다.

이 시집 '시인의 말'에 따르면 시인도 둥지를 잃고 바람의 구두가 되어 돌아다녔다. 몽골과 티베트를 거쳐 갠지스와 히말라야 안나프루나 탄자니아 세링게티 둥지 곳곳으로. 미루어 짐작건대 랭보처럼 상처의 기억으로부터 가장 먼 곳을 찾아다닌 게 아닌가 싶다.

바람이었나

거침없이 몰아치는 바람이었나
시대를 뛰어넘은
니체가 바람을 쫓아간다
다가서면 다가선 만큼 더 멀어지는
살로메의 바람을 뒤쫓는다
지성으로는 넘을 수 없는 미학 앞에
풀꽃처럼 흔들거린다
니체가 서산으로 떠나간 자리
눈 감아도 볼 수 있고
귀 막아도 들을 수 있는
열네 살 연하의 릴케가
반짝이는 눈으로 다가온다
나의 누이여
나의 신부여 귓전에 속삭임 두고
자유로운 영혼 살로메가
프로이트의 문을 두드린다
어느 곳에도
머물지 않는 바람이 되어
릴케의 편지를 젖는 눈으로 읽는다
꺼지지 않는
불꽃의 여인 루 살로메여
오라 나에게
바람의 손짓으로.

—「루 살로메에게」 전문

이 시집에는 많은 인물들이 등장한다. 19세기 중반에서 20세기 전반에 걸쳐 활동했던 세계적인 인물들이다. 그런데 몇 가지 공통점이 있다. 당대의 관습과 제도와 사회적 인식을 뛰어넘으려고 거침없이 도전했던 인물들이다. 루 살로메도 그 중의 하나다. 그녀는 "거침없이 몰아치는 바람"이었다. "자유로운 영혼"으로 살고자 했다. 그녀는 결혼을 했지만 독신결혼이었다. 남편 안드레아스와는 육체적인 관계가 없는 결혼 생활을 전제로 하고 주위 사람들과 자유로운 생활을 약속하는 결혼이었다. 이는 루 살로메만 가능한 결혼생활이었다. 그녀는 열일곱 살 때부터 남성들과 사귀었으나 성적인 욕망보다는 지적인 열망이 더 강했다. 열일곱 살에 스물다섯 살 더 많은 길로트 목사를 찾아가 스승과 제자이면서 연인 관계가 되었지만 길로트 목사와 그녀는 서로 찾는 게 달랐다. 그녀의 갈증은 종교와 신학, 철학, 논리학, 문학에 대한 것이 더 컸다. 그녀를 무릎에 앉히고 껴안으며 그녀에게서 찾고자 했던 것을 길로트 목사는 찾지 못하고 말았다.

루 살로메는 남자들의 욕구에 대해 정확한 이해가 부족했으며, 남자를 사랑하는 방법을 몰랐다. 반면에 많은 남자들은 살로메에게 집착했다. 그리고 그 사랑이 받아들여지지 않자 심한 정신적 타격을 입고 물러났다. 니체는 정신병원에 입원했고, 철학자 파울레는 스위스 첼레리나 부근의 산 위에서 깊은 골짜기를 향해 몸을 던져 자살했다. 살로메는 자신이 다른 사람들에게 좌절과 절망과 죽음을 안겨 주는 저주받은 존재가 아닐까 스스로 심각하게 고민했다.

살로메가 라이너 마리아 릴케를 처음 만났을 때 그녀의 나이는 서른여섯 살이었고 릴케는 열네 살 아래였다. 원래 그의 본명은 르네(Renee Maria Rilke)였는데, 살로메의 충고에 따라 '라이너'라는 이름을 사용하기 시작했다. 릴케를 만나던 이 시기에 살로메도 육체적 사랑에 눈 떴다. 이런 사랑은 릴케가 계속해서 사랑의 시를 써서 살로메에게 보내는 동기가 되었다.

"발이 없어도 당신에게 갈 수 있고/입이 없어도 당신을 부를 수 있습니다./내 팔을 꺾으세요. 나는 당신을 내 마음으로 잡을 것입니다." 이렇게 매달리는 이십 대 초반의 젊은 시인도 결국 삼 년을 못 넘기고 헤어졌다. 릴케와 결별한 이후 살로메는 연하의 연인들과 자유롭게 사귀었다. 살로메가 마지막으로 관심을 갖게 된 분야는 정신분석학이었다. "프로이트의 문을 두드리게" 된다. 육체적인 교유의 대상이 아니라 지적인 대화의 상대로 만나게 된 것이다. 이렇게, 살로메는 치열하게 자기 인생을 살았던 여인이다. 내면에 엄습하는 불안과 두려움, 신에 대한 풀리지 않는 의문을 지닌 철학자였고, 인간 내면에 대한 탐구를 소설과 에세이와 논문으로 풀어 나간 지적인 여성이었다. 그녀에게 다가왔던 남성들에게 처음에는 천국을 나중에는 지옥을 선물해 주는 여성이었지만 그녀 자신은 내면의 투쟁을 끊임없이 지속했던 불꽃같은 여인이었다.

불꽃의 여인 루 살로메여
오라 나에게
바람의 손짓으로.

이 시의 화자는 루 살로메와 같은 영혼을 지니고 싶어 한다.

문을 사이에 두고
존재와 존재가 존재한다
열려 있는 문이나 닫혀 있는
문은 실존이다

문 밖의 존재가
문틈으로 문 안의
존재를 엿보고 있다
열려 있는 자유와
닫혀 있는 자유를 가늠하고 있다

문 안의 존재는
문 밖이 궁금해도 노크하지 않는다

문 열고 나갈 자유와
문 닫아 걸 자유 앞에서
선택을 고민하지 않는다

문을 못 보는 사람들이
문을 찾고 있다
문은 실존이라며
찾아 두드리면 열릴 것이라고
문을 찾아 헤매고 있다

이미 자기 안의 문을
부숴 버린 사르트르가
그들의 뒤를 따라가고 있다.

—「문-사르트르」 전문

시인의 프랑스 문학예술에 대한 지적 탐구는 꽤 오래인 듯하다. 이 시집에 수록된 많은 시들이 프랑스 지식인들의 철학적 과제를 다루고 있다. 「문-사르트르」도 사르트르의 희곡을 모티브로 하고 있다. "문을 사이에 두고/존재와 존재가 존재한다"는 반복되는 난해한 구절로 이 시는 시작한다. 앞의 존재는 문 안에 있는 존재이고, 뒤의 존재는 문 밖에 있는 존재가 아닐까 싶다. 또는 앞의 존재는 나라는 존재, 뒤의 존재는 타인이라는 존재가 아닐까 싶다. 4행 "문은 실존이다"라는 말은 '실제로 존재하는 문'을 말하는 것으로 보인다. 2연의 "문 밖의 존재가/문틈으로 문 안의/존재를 엿보고 있다"에서 문 밖의 존재가 문 안의 존재를 엿볼 수 있는 공간은 문틈이다. 문 밖의 존재는 이 틈을 통해 문 안에 있는 존재의 삶을 관찰한다. 문 안에 있는 존재는 문틈으로 엿보는 시선을 의식하며 그 시선을 통해 대상화된다. 문 밖에는 열려 있는 자유가 있고 문 안에는 닫혀 있는 자유가 있다. 문 밖의 존재는 두 자유를 가늠하고 있다. 문 안의 존재는 문 밖이 궁금해도 노크하지 않는다. 문 열고 나갈 자유가 있고 문 닫아걸 자유가 있기 때문이다. 그러면 문 안에 있어도 고민이 없다. 그냥 존재할 뿐이기 때문이다. 문은 열리지 않으면 벽이 된다. 자기 안의 문을 부숴 버렸다면 문 안에 있어도 고립이 아니다. 그러나 모든 사람들이 문 안에서 자유롭지 않다. 사람들은 스스로 갇혀 있다고 생각하기 때문에 문을 찾는다. 문 있는 방에서 문을 찾는 고립된 인간 존재의 상황을 다룬 작품으로 사르트르의 희곡 『닫힌 문』이 있다.

닫힌 문 안에는 창문도 없고, 거울도 없고, 초인종도 없고, 불빛만 환한 방이 있다. 철저히 닫혀 있는 방이다. 이 방에 한 명의 남자와 두 명의 여자가 있다. 저마다 기이한 사연을 안고 여기 온 것이다. 이들은 아무것도 할 것이 없다. 서로 방해하지 않기 위해 애를 쓸 뿐이다. 무엇을 시작할 수도 없다. 다른 두 사람이 주시하고 있기 때문이다. 서로의 시선이 서로를 감시하고 규정한다. 무력한 채로 기약 없이 함께 머물러 있다. 타인의 시선에 대한 두려움, 타인은 지옥인 상태를 견뎌야 한다. 그러자 마침내 가르생은 더 이상 참을 수 없다고 소리를 지른다. "왜 밤이 오지 않는가! 왜 어두워지지 않는가! 나를 쳐다보는 눈초리, 그 눈초리가 지옥이다. 다른 사람, 그것은 지옥이다!"

인간이 살아가는 동안, 다른 사람과의 관계는 항상 서로를 불편하게 만든다. 다른 사람이 나를 바라보는 시선을 의식하는 순간 나는 자유를 구속당하게 된다. 그래서 사르트르는 타인은 지옥이라고 말한다.

자유를 구속당하지 않으려고 발버둥치는 동안 인간 실존은 홀로 선 고독한 존재이고, 인간은 그런 고독한 운명을 벗어날 길이 없다. 자유의 안쪽은 텅 비어 있다. 하나의 무(無)일 뿐이다. 그래서 종교에 의지해서 문이 열리는 길을 찾기도 한다. 성경 "두드려라 그러면 열릴 것이다."라는 구절에서 온 것으로 보이는 4연 4~5행 "찾아 두드리면 열릴 것이라고/문을 찾아 헤매고 있다"가 그것이다. 무신론적 실존주의자인 사르트르는 거기에 대해 희곡『파리 떼』에서 이렇게 강렬한 대답을 한다. "그러나 그 자유가 너를 반역한다. 나는 인간이다. 그리고 인간은 각자가 자기의 길을 만들어내지 않으면 안 된다. 너와 나는 두 척의 배처럼 서로 접촉하지 않고 미끄러져 갈 뿐이다. 너는 신이다. 그리고 나는 자유다."

이제 마지막으로 "이미 자기 안의 문을/부숴 버린 사르트르가 그들의 뒤를 따라가고 있다"면 무엇이 남는 걸까. 자유가 남아 있을 것이다. 그러면 어떤 자유일까. 절대고독만이 바람에 나부끼는 자유일 것이다. 나 혼자 내 인생 전체를 책임져야 하는 부담스러운 자유일 것이다. 내 스스로 결정하고 내 스스로 책임지는 자유. 불안한 자유, 도망가 버리고 싶은 자유일 것이다. 벗어나고 싶은 자유, 포기하고 싶은 자유일 것이다.

그러나 권욱혜 교수의 말대로 "완전히 자유로운 진정한 인간은 다른 곳에 기대어 자신의 의미를 찾지 않는다. 주변과 상황을 핑계대지 않고 항상 주체적으로 살기 때문에 긍정적이며 도전적이다. 그리고 자신에게 주어진 책임을 두려워하지 않는다. 사르트르가 이야기하는 진정한 인간은 바로 이런 모습이다."

사르트르의 『닫힌 문』 자체가 하나의 알레고리인데, 이 시는 사르트르의 『닫힌 문』에 대한 새로운 알레고리이다.

도마와 칼날 사이
낙지 한 마리 도마 위에서 춤추고 있다
탕탕탕 탕 타당탕
칼날이 자동소총 소리로 떨어지고
잠시 정적이 흐른다

그래도 살아서
꿈틀거리는 욕망 위에
참기름 몇 방울과
솔솔 뿌려진 참깨가
탕탕이의 죽음을 알리고 있다

끝까지 낙지가
욕망을 붙들고
흡입판을 들썩인다

타자는 누구인가
거울 속의 욕망이 라캉을 응시하며
죽음의 의미 묻는다

영혼이 없는 낙지의 파편들
의식과 무의식의 경계 넘어
거울 뒤편으로
낙지 한 마리 기어들고 있다
죽어서도 꿈틀거리는
욕망을 끌고.

—「라캉의 거울」 전문

이 시는 낙지 이야기를 하고 있다. 도마 위에서 칼날에 잘

려지며 죽어 가는 낙지를 보면서 쓴 시다. 그런데 제목이 「라캉의 거울」이다. 그러면 낙지와 라캉은 어떤 관계이며 거울과 낙지는 어떤 유사성이 있는 것일까?

잘 아는 것처럼 자크 라캉은 프랑스 태생의 정신분석 이론가이다. 프로이트의 정신분석학을 재해석하여 주체와 욕망의 문제를 주요 관심사로 삼은 학자이다. 그의 저서를 번역한 책 제목이 『욕망 이론』이다. 시인은 낙지, 그것도 칼에 잘려 나간 뒤에도 살아서 꿈틀거리는 낙지 토막에서 죽지 않는 욕망의 실체를 본다. 죽어서까지 꿈틀거리는 욕망을 본다. 욕망은 얼마나 끈질긴 것인가를 확인한다. 자크 라캉은 "욕망은 늘 다른 어떤 것을 끊임없이 추구하는 환유적 운동을 보여 준다. 그러므로 의미의 연쇄가 한순간 멈추게 되는 바로 그 지점에서 왜곡된 집착이 생겨난다"고 했다. 무의식적 욕망은 결코 소멸될 수도 없고 결코 만족될 수도 없는 속성을 지니고 있다는 것이다. "살아서/꿈틀거리는 욕망 위에/참기름 몇 방울과/솔솔 뿌려진 참깨가/탕탕이의 죽음을 알리고 있다"고 해도 욕망의 꿈틀거림은 멈추지 않는다. 낙지 이야기가 4연에 오면 갑자기 철학적이고 개념적인 물음이 불쑥 끼어든다.

"타자는 누구인가/거울 속의 욕망이 라캉을 응시하며/죽음의 의미 묻는다." 이 중에 우선 응시에 대해 잠깐 살펴보자. 라캉의 욕망이론을 소개한 권택영 교수의 말처럼 "응시는 바쁘기만 하던 것에서 보여짐을 아는 순간 일어난다. 그래서 실재라고 믿었던 대상이 자신의 욕망을 충족시키지 못함을 깨닫고 다시 욕망의 회로 속으로 빠져들게 하는 동인이다. 세계 속에서 인간은 보여지는 존재이다." 응시 때문에 인간은 끝없이 욕망하고 욕망은 삶을 영위시키는 동인이다.

라캉은 욕망의 구조에 대해 이렇게 설명한다. "주체는 대상에게 욕망을 느낀다. 그것이 자신의 결핍을 완전히 채워줄 것이라고 믿기 때문이다. 그것만 얻으면 아무것도 욕망하지 않으리라 믿는다. 그러나 그 대상을 얻어도 욕망은 여전히 남는다. 아무것도 욕망하지 않는 것은 곧 죽음이다. 그렇다면 대상이 실재처럼 보였지만 허구가 아닌가. 대상을 실재라고 믿고 다가서는 과정이 상상계요, 그 대상을 얻는 순간이 상징계요, 여전이 욕망이 남아 그 다음 대상을 찾아 나서는 게 실재계이다."

아무것도 욕망하지 않는 것은 죽음이라고 했는데 프로이트도 그렇게 말했다. "욕망을 충족시키는 유일한 대상은 죽음뿐"이라고. 그런데 이 시 마지막 연에선 "영혼이 없는 낙지의 파편들/의식과 무의식의 경계 넘어/거울 뒤편으로/낙지 한 마리 기어들고 있다/죽어서도 꿈틀거리는/욕망을 끌고." 이렇게 말한다. 욕망은 죽어서도 끝나지 않는다는 것이다. 영혼이 없는 살덩이를 끌고 욕망은 꿈틀거린다. 의식 속에도 욕망은 살아 있고 무의식 속에도 욕망은 남아 있다.

인간은 욕망 때문에 살아갈 힘을 얻는다. 그러나 얻고 난 뒤에도 채워지지 않는 허상을 안고 끌려간다는 역설, 그걸 알면서도 집착하는 동안 괴로움 속에서 허덕이는 나머지 삶의 날들을 어떻게 잘 드는 칼로 끊어 버릴 수 있을 것인가. 성도 권력도 지위도 명성도 이런 점에서는 맥락이 같은데 어떻게 어디서 멈추어야 할 것인가? 인간의 고민은 그 지점에 있다. 시인의 고민도 마찬가지리라.

지금까지 앞선 시대를 살았던 지식인이나 예술인들을 통해 드러내고자 했던 소망적 자아의 형상이 어떤 형태로 시에 드러나 있는가를 살펴보았다면, 시적 자아와 시인 자신이 거의 동일한 형태로 드러나 있다고 보아도 무방한 자아의 모습도 시에 다양하게 표현되어 있다.

> 내 상처를 안고
> 가파른 절벽을 오른다
> (……)
> 당나귀가 된 내가
> 천년의 세월 건너고 있다

— 「차마고도」 부분

이 시의 시적 자아는 천년의 세월을 두고 차마고도 가파른 절벽을 오르는 당나귀다. 상처를 안고 가파른 절벽을 건너가는 당나귀, 오래된 업보를 다 벗지 못해 말없이 인고의 길을 가는 당나귀. 화자는 그런 당나귀에서 자신의 모습을 본다. 그런가 하면 단발머리 소녀도 있다.

비 오는 날이면 돌담 속
편지가 젖을까 봐 안절부절못하던
단발머리 소녀

—「K 형에게」 부분

내 안에 버려진 시간과
더러 피어 있는 꽃
잊힌 것들의 고요를 마주하며
오래된 나를 쓰다듬는다

—「빈집」 부분

두 편의 시에서 보듯 라이너 마리아 릴케를 이야기하고 윤동주를 말하던 소녀. 소인 없는 편지를 순이네 집 돌담 돌멩이 하나 들추어내고 그 밑에 넣어 두던 소녀. 비 오는 날이면 그 편지 젖을까 봐 안절부절못하던 단발머리 소녀가 아직도 시인의 내면에 있다. 옛집 장독대와 참나리꽃을 보다가 오래된 나를 쓰다듬는 나. 잊힌 것들의 고요를 마주하는 나. 꽃 옆에 서 있는 나. 그런 오래된 나가 있다.

새끼줄도, 기대어 오를 벽도 없이

피어 있는 나팔꽃

—「나팔꽃」 부분

내 안에는 파랑이 살았다

(……)

내 안에서 자꾸 파랑새가 운다.

파란 하늘 올려다보며.

—「푸른 방」 부분

이 시의 화자는 외로운 이들이다. 입술 꽉 다물고 피어 있는 꽃이다. 의지할 데가 없는 꽃이다. 기댈 곳 없는 꽃이다. "나도 한 번쯤은 사랑하고 싶다고/말하지 못하고 죄인처럼 사는" 꽃이다. 상처가 깊은 꽃이다. 내 안에 파랑새가 산다. 파란 하늘 올려다보며 우는 새. "내가 넘어지면 달려와/나를 일으켜 주고/눈물 닦아 주기도 하며 (……) 서로 거울처럼 비추며 살았다." 그런 파랑이가 내 곁을 떠난 뒤 내 안에 와서 사는 파랑새. 그런 혼자 된 외로운 새가 살고 있다.

"인생의 정오에 나는 헤어나올 수 없는 험한 숲에서 길을 잃었다." 단테는『신곡』에서 이런 말을 한 적이 있다. 시인도 인생의 가장 뜨거운 시간을 지나다 그만 큰 상처를 받았다. 그 상처의 충격으로 길을 잃고 숲에 던져진 것 같은 어려운 시간을 지나왔다. 그래서 이 시집에 실린 시에는 상처라는 시어가 많다.

다양한 시적 화자의 상처와 그늘이 짙게 배어 있는 시들도 많다. 그 상처와 그늘이 햇볕 속에서 소금처럼 빛나는 결정이 되고 어둠 속에서 별처럼 반짝이는 날이 오길 바란다.

“그러면 나도 눈부신/소금이 될 수 있을까/한나절쯤 발 담그면/빛나는 결정이 될 수 있을까/햇볕에 등짝 태우며/온종일 견디다 보면/나도 뼛속까지 빛나는/소금이 되어”(「곰소항」 중에서)라고 그렇게 갈망하던 소금이 되길 바란다. 소금으로 상징되는 가장 건강한 승화, 이런 빛나는 시간을 만나게 되길 바란다. 「곰소항」에서 보여 주는 소금이라는 결정체에서 가혹한 날들을 뜨겁게 맞서며 살아가는 빛나는 삶의 자세를 화자는 이미 알고 있을 것이다. 그리하여 마침내 시간의 긴 흐름에 생을 맡길 수 있게 되길 바란다.

바라나시
갠지스강은 시간이었다
길게 누워 흐르는
시간이었다
타닥거리는 불길 속
환한 미소
삶과
죽음의 시간이 뒤엉켜
고삐 없는
피안(彼岸)으로

물소 한 마리
풍덩 뛰어들고 있다
아, 물씬한 이승의 냄새여.

—「갠지스강」 전문

갠지스강은 우리가 이 세상에 오기 전에도 흐르고 있었다. 우리가 이 세상을 떠난 뒤에도 흐르고 있을 것이다. 시간도 그렇다. 우리가 이번 생에 여기 오기 전에도 시간은 있었고, 우리가 다음 생에 다시 올 때도 시간은 흐르고 있을 것이다. 그 중간 어디쯤에서 우리는 태어나서 욕망에 들끓는 시간을 살다가 간다. 누군가를 사랑하기도 하고, 그러다 상처받고 고통스러워하고, 병들어 괴로워하는 시간을 산다. 그러다 세상을 뜨면 강가에서 나무에 불태워져 재가 될 것이다. 삶 속에 죽음이 있고 죽음 속에 삶이 있다. 불타서 재가 되는 육신을 바라보며 눈물만이 아니라 미소를 짓는 화자가 이 시 속에 있다. 죽음을 받아들일 줄 아는 여유에서 나오는 미소이리라. 죽음도 삶의 일부이다. "삶과/죽음의 시간이 뒤엉켜/고삐 없는/피안(彼岸)으로/물소 한 마리/풍덩 뛰어들고" 있는 이승에서 우리는 산다. 인간의 육신이 타는 냄새와 물비린내, 밥 짓는 냄새, 짐승 냄새 그 모든 냄새가 물씬한 이승의 냄새가 아닌가. 그 속에서 우리는 오늘도 고통스럽게 하루를 사는 것이다. 시인이 꿈꾸는 이상적인 세상과는 너무 다른 이승에서 두 세계를 오가며 긴장하고 갈

등하며 모순된 하루를 산다. 그게 있는 그대로의 시인의 모습이요 솔직한 시의 모습이리라. 길게 누워 흐르는 시간과 함께 갠지스 강가에 고요히 있는 시간을 자주 만나게 되길 바란다.

시인의 말

놓쳤다. 바로 눈앞에서
일어난 일들을 놓치고서도
나는 놓친 줄을 몰랐다
비도 놓치고, 바람도 놓치고…….

돌아다보니 아무것도 잡은 것이 없다
많은 사람들이
붙잡기 위하여 산다는데
지금 손안에 붙잡고 있는 것은
어느 것 하나 보이지 않고
손금만 늘어간다

둥지를 잃고 바람의 구두가 되어
몽골과 티베트 거쳐
갠지스와 히말라야 안나푸르나
탄자니아 세링게티
그리고 사하라와 산티아고 순례길까지
돌고 돌아보았다

내가 보고 듣고자 했던 것은
과연 무엇이었을까
문화와 문화, 종교와 종교
이념과 이념이 저마다 다르지 않았으며
개와 염소 사람과 동물도
단지 모습과 색깔만 다를 뿐이지 않았던가

산으로 간 사람은 산에서 만나고
강으로 간 사람은 강에서 만난다고 했다
이제 떠나지 않고도 만나는
인연이고 싶다
제발 나 좀 붙잡아 줘!

아프리카 세렝게티에서 강민숙

실천문학시인선 031
둥지는 없다

2019년 10월 10일 1판 1쇄 인쇄
2019년 10월 10일 1판 1쇄 펴냄

지은이 강민숙
펴낸이 윤한룡
편집 김은경
디자인 윤려하
관리·영업 한해인

펴낸곳 (주)실천문학
등록 10-1221호(1995.10.26)
주소 서울특별시 중랑구 상봉로 110, 1102호
전화 322-2161~5
팩스 322-2166
홈페이지 www.silcheon.com

ISBN 978-89-392-3041-5 03810